DESCUBRIENDO EL MUNDO

Los animales del mar

Alexia Romatif

algar

Índice

El tiburón 4	El delfín 6
El pez payaso 8	La ballena 10
El cangrejo 12	La estrella de mar 14
La beluga 16	La orca 18
El pulpo 20	La tortuga de mar 22

La manta 24

El caballito de mar 26

El erizo de mar 28

La medusa 30

La morsa 32

La nutria de mar 34

La foca 36

El bogavante 38

El cangrejo ermitaño 40

El pez mariposa 42

El tiburón

Los tiburones viven en todos los mares del planeta y la mayor parte de ellos son carnívoros. Hay más de 350 especies de tiburón. Existen desde hace miles de años y tienen un ancestro común: el *megalodon*. ¡Se estima que aquel tiburón prehistórico medía hasta 20 metros y podía llegar a pesar 100 toneladas! ¿Peligroso? El tiburón no ataca voluntariamente al ser humano, ¡pero es que un surfista tumbado sobre su tabla se parece mucho a una foca! Puede que solo sea que los tiburones necesitan gafas…

¡DIENTES Y MÁS DIENTES!
Los tiburones tienen varias filas de dientes, que se les caen y les vuelven a salir regularmente. ¡Algunos tiburones llegan a perder más de 30.000 dientes a lo largo de su vida!

¿LO SABÍAS?
La piel de los tiburones es rugosa. Antes se usaba para pulir la madera.

PROFUNDO, MUY PROFUNDO…
Se han descubierto recientemente unos tiburones extraños, como el tiburón duende o el tiburón cigarro, que viven en las fosas abisales.

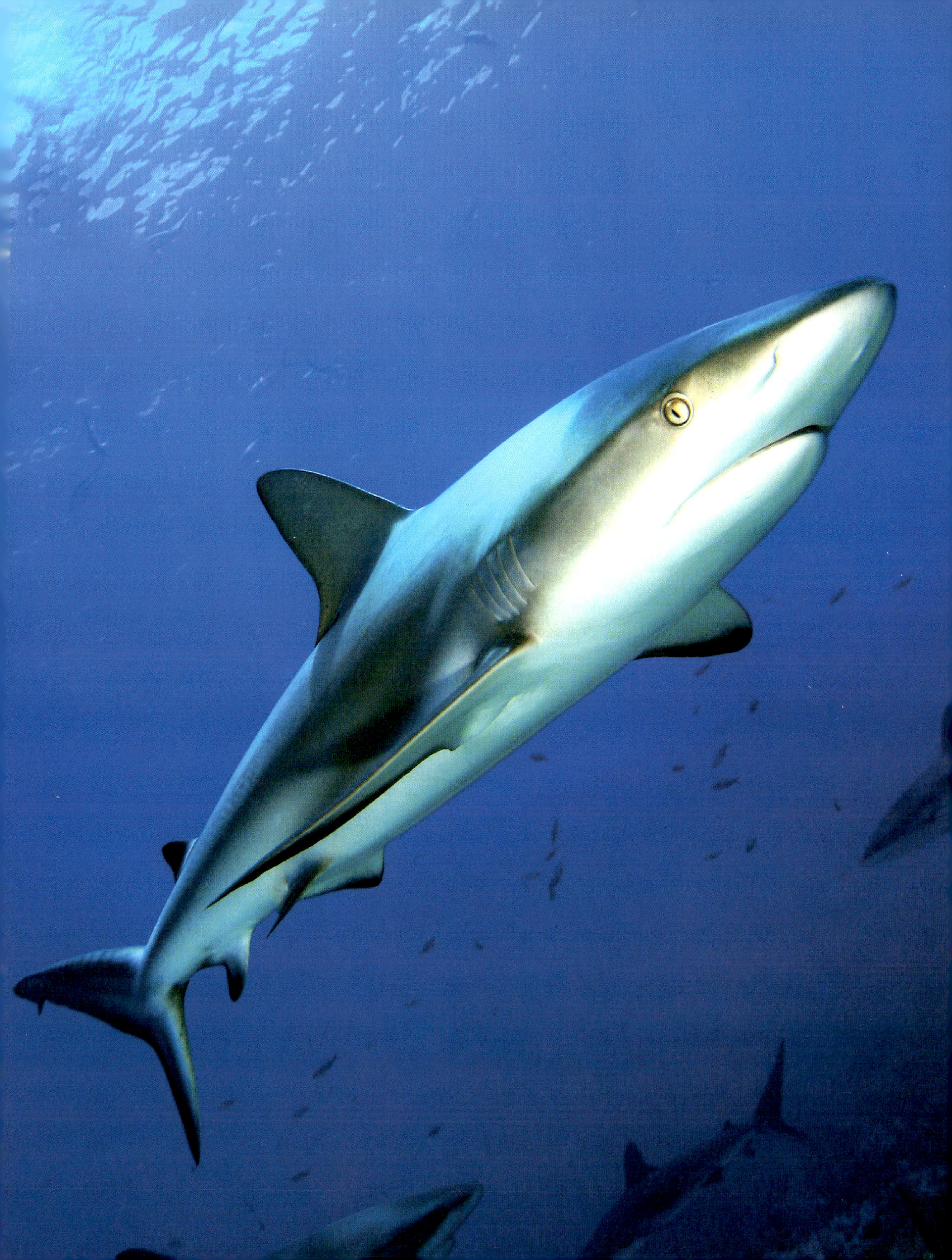

El delfín

Este pez tan gracioso ¡en realidad no es un pez! El delfín es un mamífero marino. Mientras que los peces ponen huevos, el pequeño delfín sale del vientre de su madre y mama de su leche. Su piel es suave, elástica y muy sensible. Igual que tú, el delfín tiene pulmones, y respira gracias a la nariz situada en la parte de arriba del cráneo: el espiráculo. Puede estar bajo el agua tres o cuatro minutos, después sube a la superficie para tomar aire.

¡UNA SUPERTÉCNICA!
Los ultrasonidos emitidos por el delfín para guiarse sirven también para aturdir a los peces pequeños, que se hunden en el fondo del mar.

¿LO SABÍAS?
Los principales enemigos de los delfines son las orcas y los tiburones. Cuando son atacados, los delfines se defienden con el hocico. Su otro enemigo es el ser humano, a causa de las redes de pesca. Los delfines atrapados no pueden salir a respirar y mueren.

¿MELÓN?
¿Sabes qué parte del cuerpo se llama *melón*? Es la bolsa que los delfines tienen en la frente y que les permite emitir ultrasonidos, unos sonidos tan agudos que tus oídos no pueden oír.

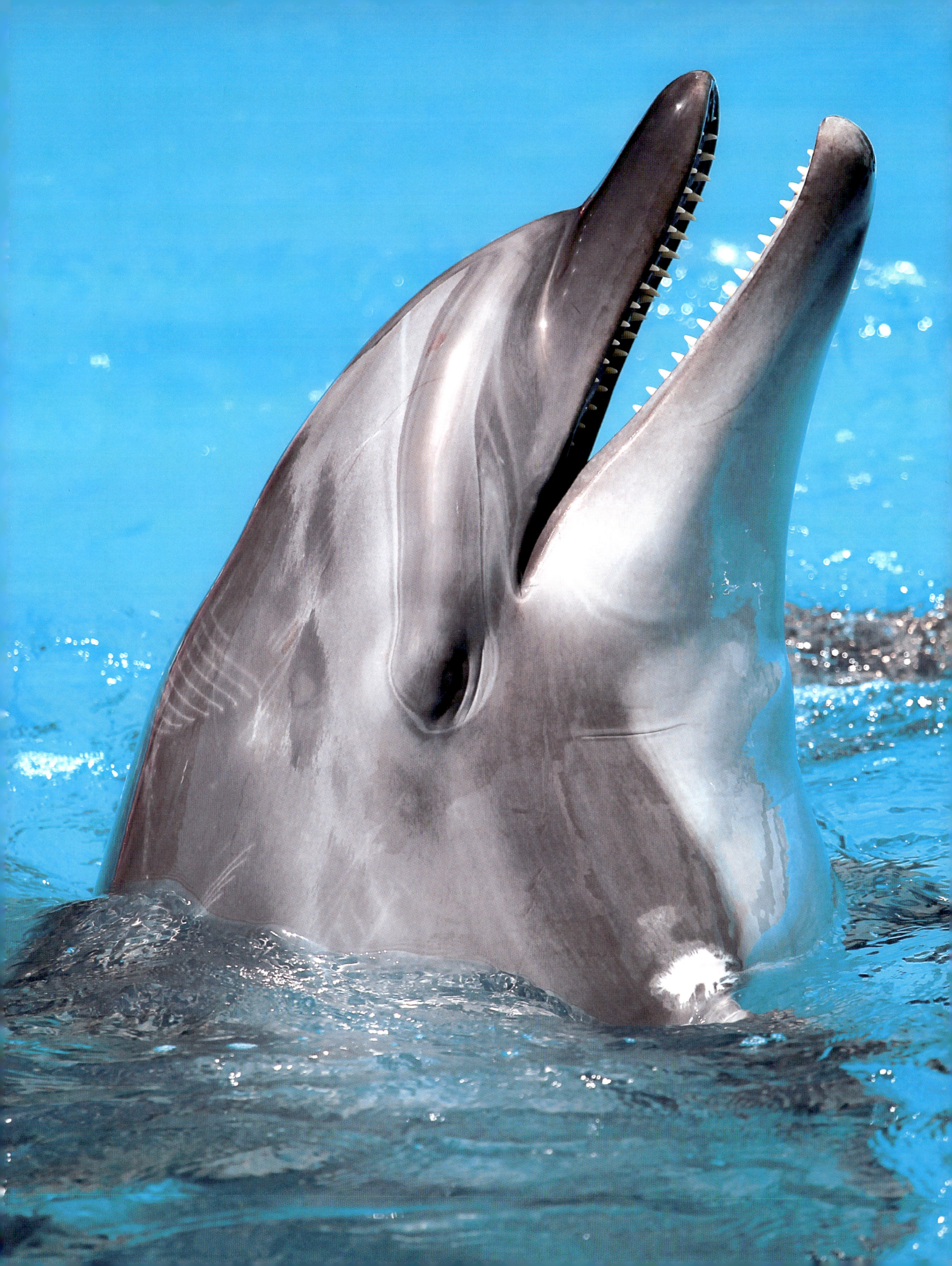

El pez payaso

Existen una treintena de especies de peces payaso. Son de color naranja y algunos tienen franjas blancas o negras. El pez payaso vive dentro de los tentáculos de una anémona de mar, cuyo veneno no teme. Sus colores vivos atraen a otros peces, a los que la anémona pica y devora. El pez payaso se come los restos y los parásitos en beneficio de la protección de la anémona. Los peces payaso viven en pareja: el macho y la hembra ponen sus huevos y los defienden juntos.

¡BUEN PROVECHO!
El pez payaso es carnívoro y se come las pequeñas presas que viven en el plancton, como el kril, que es una especie de minigambas…

¿LO SABÍAS?
Las larvas de los peces payaso viajan a merced de las corrientes, pero son capaces de encontrar por el olor el lugar en el que nacieron. Vuelven allí para instalarse, crecer y fundar, a su vez, una familia.

¡OHHH!
Después del estreno de la película *Nemo*, los peces payaso están de moda, pero esta especie no puede sobrevivir en agua dulce y necesita grandes acuarios de agua salada, que resultan muy caros. Muchos de los peces payaso que se compran mueren por falta de cuidados adecuados.

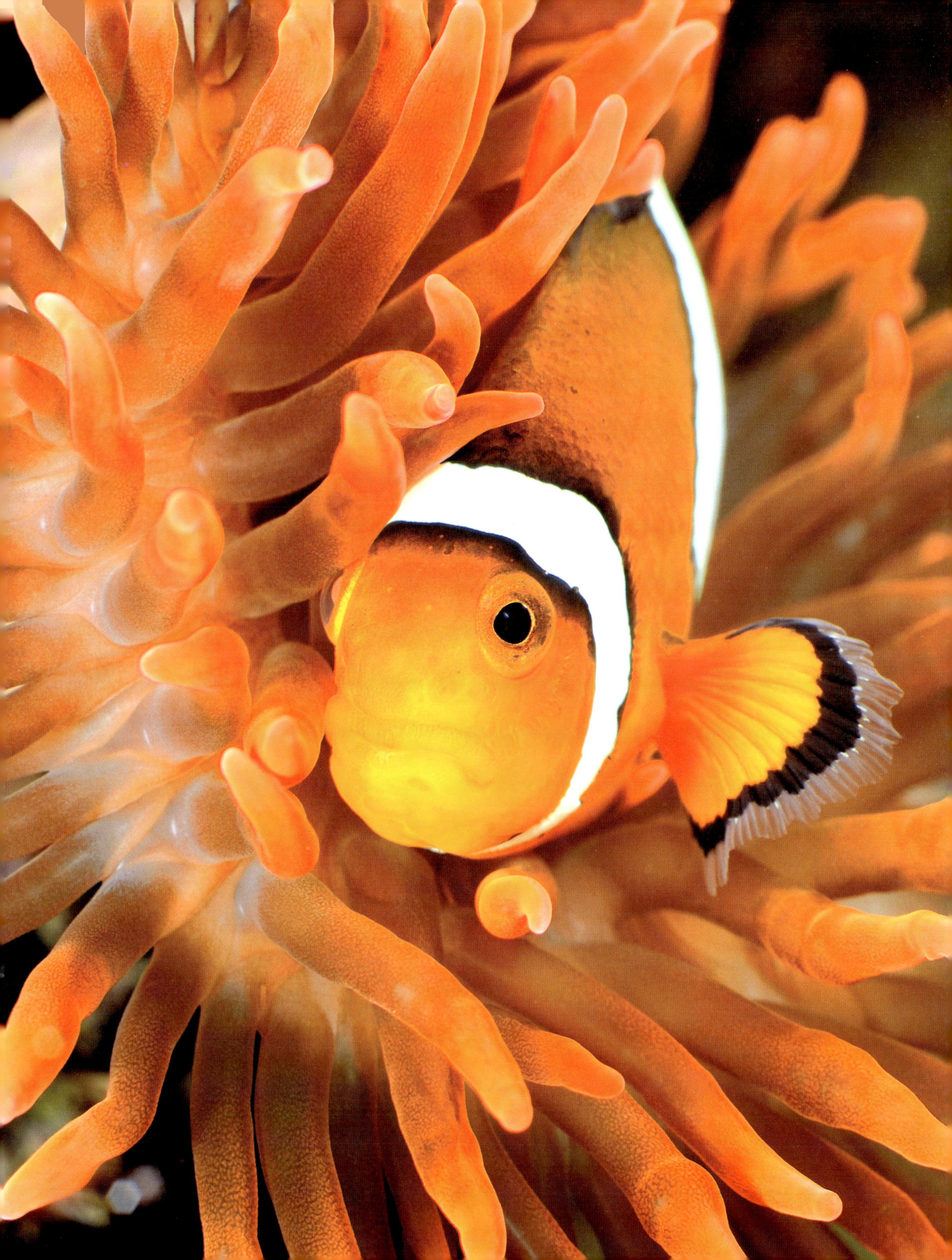

La ballena

Existen dos grandes familias de ballenas. Las ballenas barbadas, como la ballena azul, no cazan. Las barbas son las láminas elásticas que le cuelgan de la mandíbula superior, como las cerdas de una escoba. Le sirven para filtrar los alimentos que contiene el agua: el plancton. Las ballenas dentadas, como la orca, mastican los animales enteros (focas, pingüinos...) y son muy feroces. Pueden incluso romper un bloque de hielo para hacer que su presa caiga al agua antes de devorarla.

¿LO SABÍAS?
Como el delfín, la ballena no es un pez, sino un cetáceo. Es decir, un mamífero marino.

¡QUÉ RISA!
¿Sabes qué significa *reír como una ballena*? Es reírse muy fuerte, con la boca muy abierta.

¡CUÁNTA LENGUA!
La ballena azul es el mamífero más grande del mundo. Puede llegar a pesar 150 toneladas y a medir 30 metros de largo: el peso de 30 elefantes y la longitud de 9 coches alineados. Solamente la lengua ya le pesa cinco toneladas, el peso... ¡de un elefante!

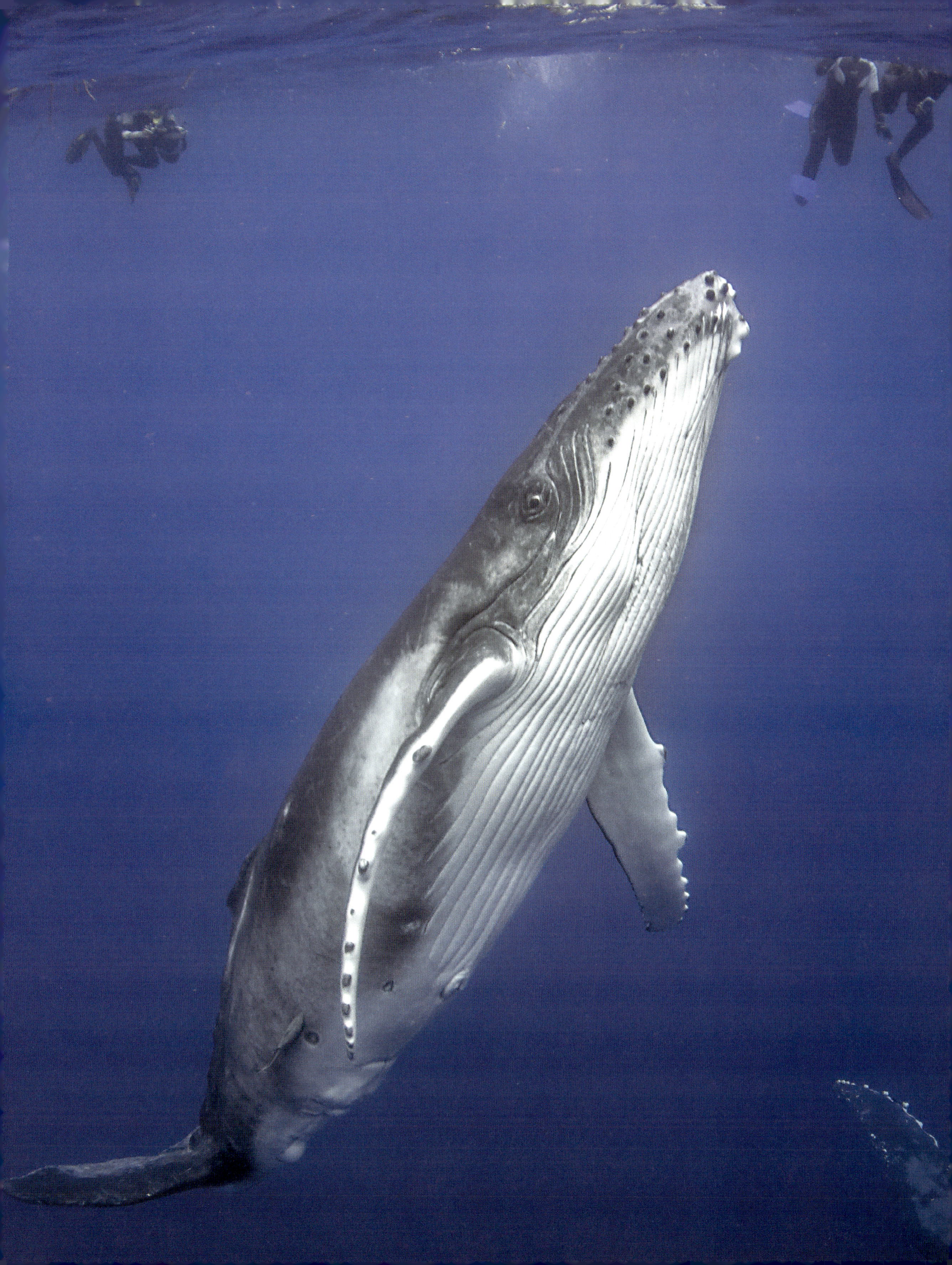

El cangrejo

Forma parte de la familia de los crustáceos, como el camarón y el cangrejo de río. Los cangrejos tienen diez patas, de las cuales las dos más grandes de delante tienen forma de pinzas. Se desplazan muy deprisa, caminando de lado. Algunos cangrejos viven en el agua y otros en la tierra. Los cangrejos son, en su mayoría, detritívoros: comen restos de plantas y de animales. Son muy útiles porque limpian la arena. Otros cangrejos son carnívoros y comen moluscos, huevos de tortuga o tortugas jóvenes.

¿LO SABÍAS?
Hay cangrejos de todos los tamaños. El más grande es el cangrejo gigante de Japón, que puede pasar de los 3,5 metros de envergadura (patas incluidas) con un caparazón de 40 centímetros.

¡CÓMO CRECE!
El cangrejo no tiene huesos, sino un caparazón que lo protege. Cuando se le queda demasiado estrecho, se construye otro, como cuando tú cambias de talla de ropa porque has crecido. Este cambio de caparazón se llama *muda*.

¡BU!
Algunos cangrejos excavan galerías subterráneas y salen de la arena tan rápidamente que se les llama *cangrejos fantasma*.

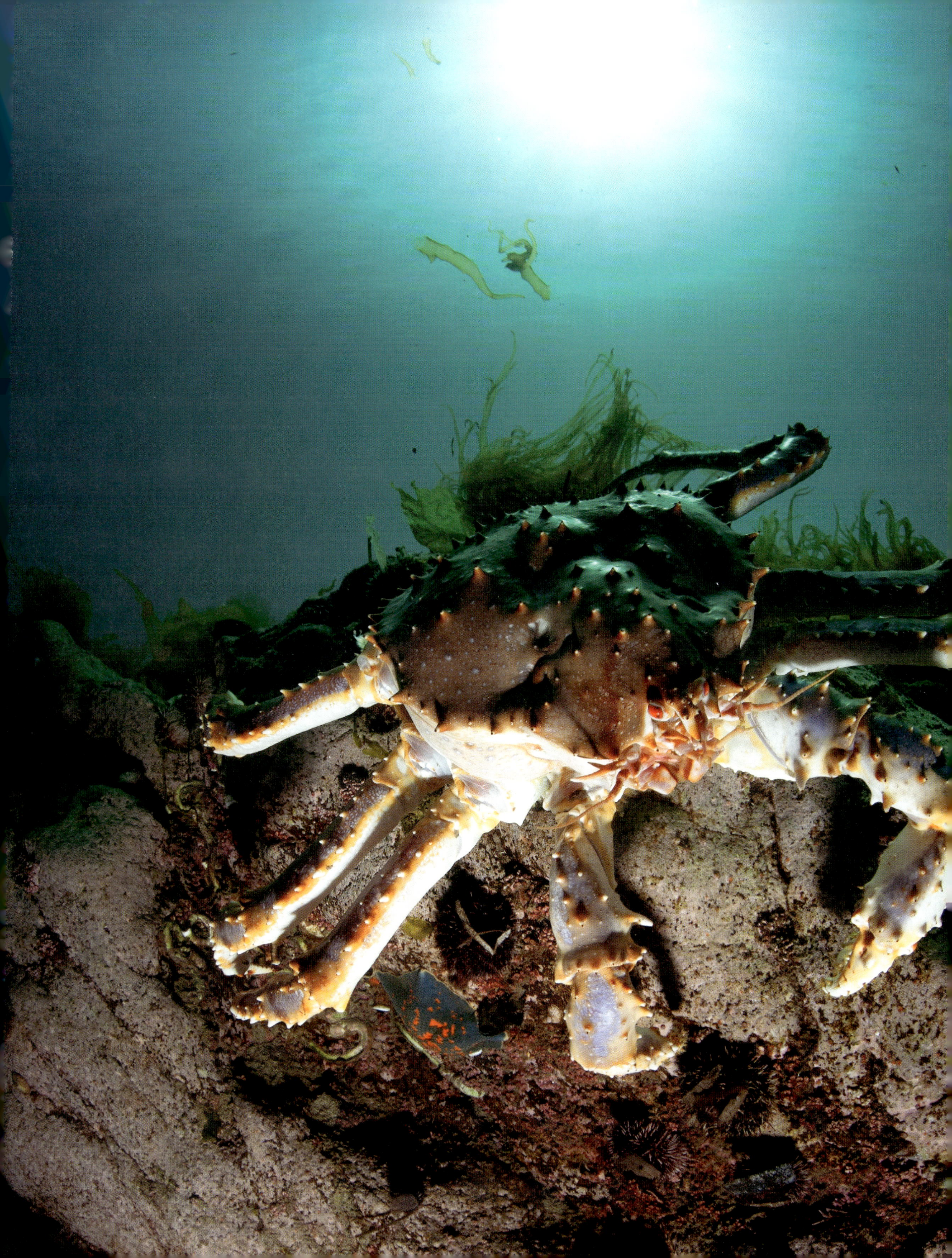

La estrella de mar

Se le llama también *asteroideo*. La estrella de mar tiene cinco brazos gruesos unidos en el centro por su boca. Vive en los fondos rocosos, en las aguas saladas. Las hay de todos los colores, del rojo al violeta, pasando por el azul. Muchas de las estrellas de mar son carnívoras, pero, como son muy lentas, solo cazan animales inmóviles: los moluscos adheridos, como los mejillones o las ostras. Otras estrellas de mar se nutren filtrando las pequeñas algas que encuentran entre la arena.

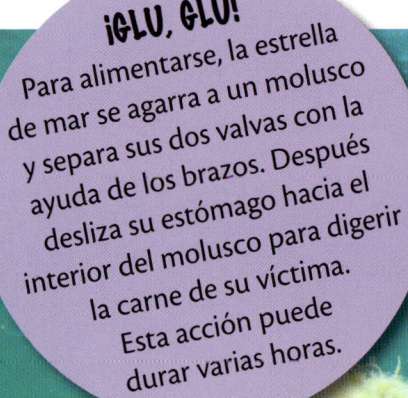

¡GLU, GLU!

Para alimentarse, la estrella de mar se agarra a un molusco y separa sus dos valvas con la ayuda de los brazos. Después desliza su estómago hacia el interior del molusco para digerir la carne de su víctima. Esta acción puede durar varias horas.

¿LO SABÍAS?

La estrella de mar se desplaza caminando. Debajo de los brazos tiene unos pies minúsculos provistos de ventosas. No tiene cabeza, ni por delante ni por detrás, por eso puede desplazarse en cualquier dirección. ¡Qué práctico!

¿MAGIA?

La estrella de mar puede regenerarse por completo si le queda, al menos, una parte del centro y un brazo. ¡El resto vuelve a crecer!

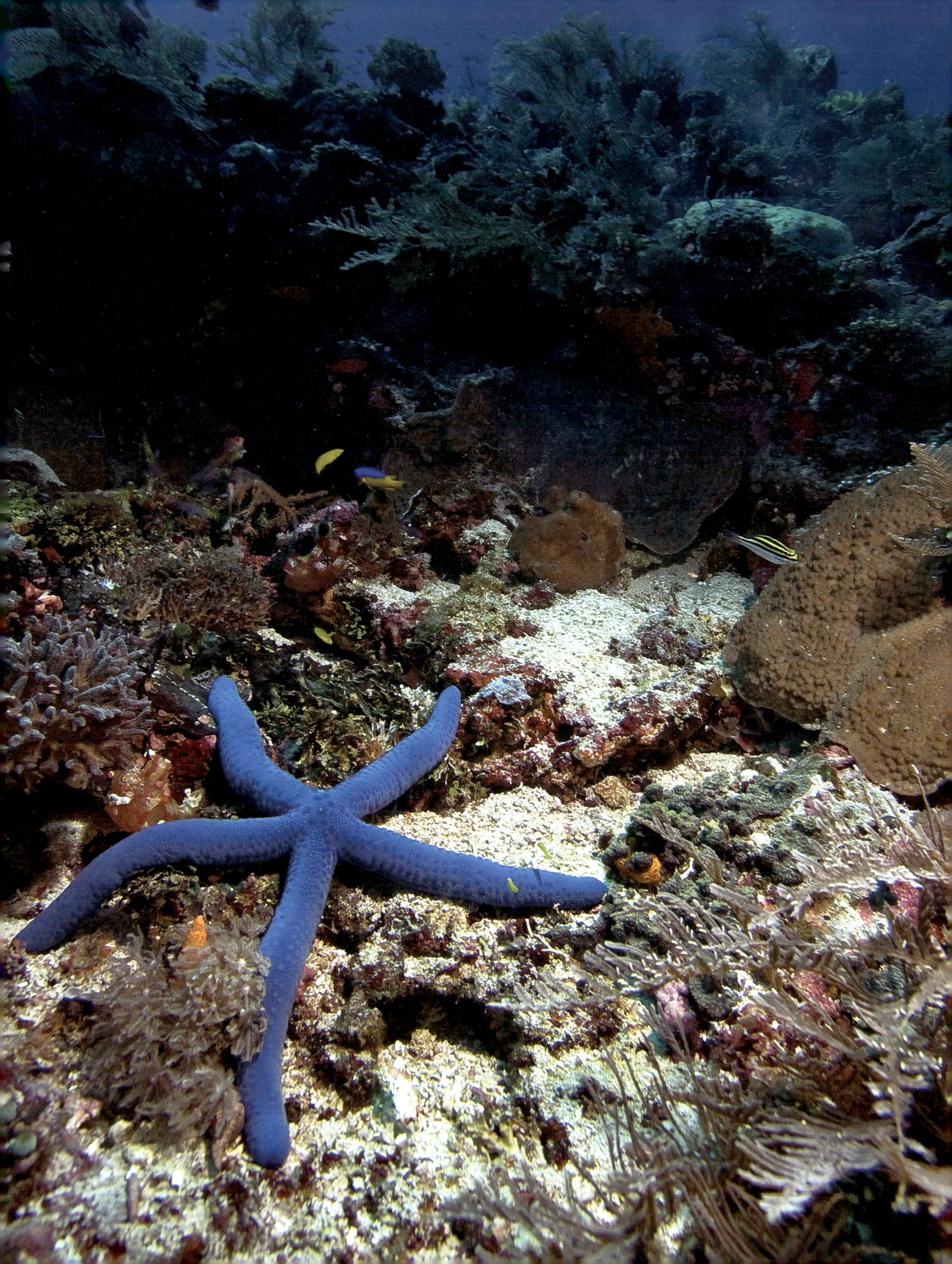

La beluga

También se conoce como *ballena blanca* o *delfín blanco*, y vive en el océano Glacial Ártico, donde su sonar perfeccionado le permite navegar entre los bloques de hielo. Su menú favorito se compone de peces, pulpos y otros crustáceos. La beluga es un animal sociable que vive en grupo, como el delfín. Sus principales depredadores son el oso blanco y la orca. Cuando la beluga se queda rodeada por el hielo, el oso, que la acecha, la deja inconsciente de una zarpada y se la sube a la banquisa para devorarla.

¡PÍO, PÍO!
La beluga se comunica mediante la emisión de sonidos y silbidos muy agudos. Por eso tiene como apodo *canario marino*.

¿LO SABÍAS?
A diferencia de los delfines o las ballenas, la beluga es un cetáceo que puede girar la cabeza de izquierda a derecha. Gracias a esta particularidad y a su morro redondo, es muy expresiva, y a menudo se diría que sonríe.

CAMBIO DE COLOR
El nombre *beluga* viene de una palabra rusa que significa 'blanco'. Al nacer, el bebé beluga es gris oscuro. Su piel se va aclarando a medida que crece.

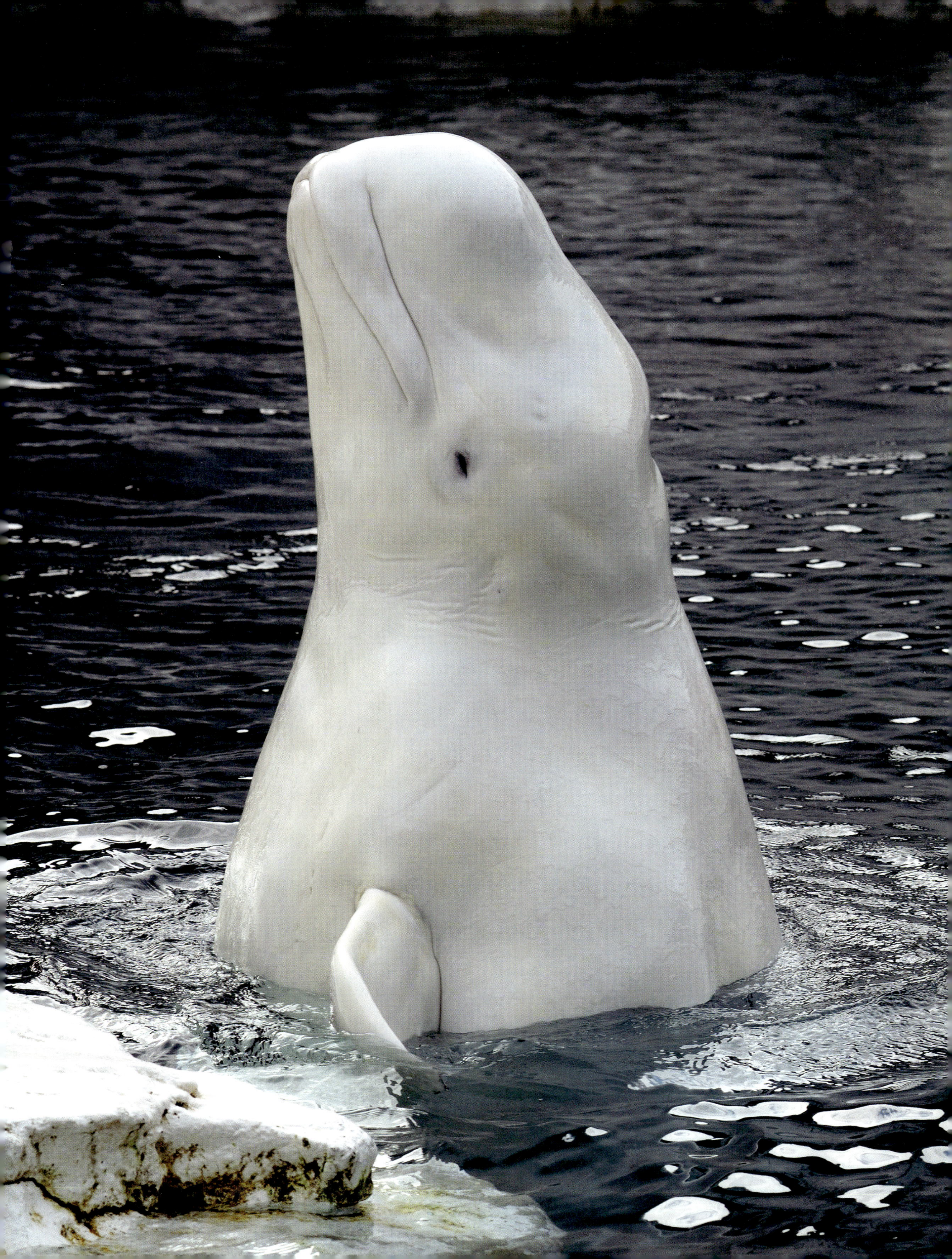

La orca

Las orcas viven en todos los océanos, pero prefieren las aguas frías. Son ballenas de color negro con grandes manchas blancas. Las orcas son carnívoras y unas cazadoras formidables. Pueden dejar inconsciente de un coletazo a un pájaro en pleno vuelo. Capturan también a sus presas (focas, pingüinos…) lanzándose sobre la banquisa para derribarlas. Para volver al agua, se impulsan con las aletas pectorales, situadas a ambos lados de su cuerpo.

ALETAS
Todas las orcas tienen una aleta sobre el lomo, pero la del macho sigue creciendo hasta que se convierte en una especie de triángulo que puede llegar a los dos metros de alto.

¿LO SABÍAS?
Como los demás cetáceos, las orcas se comunican gracias a los ultrasonidos. Saltan también fuera del agua y vuelven a caer haciendo chasquear las aletas. Este sonido, que puede oírse a muchos kilómetros, es parte de su lenguaje.

SOLIDARIAS
Si una orca tiene problemas, las demás se apresuran a ayudarla. Cuando una hembra da a luz, otra acude a ayudarla para llevar a su cría, que pesa entre 200 y 300 kilos, a la superficie para que pueda respirar.

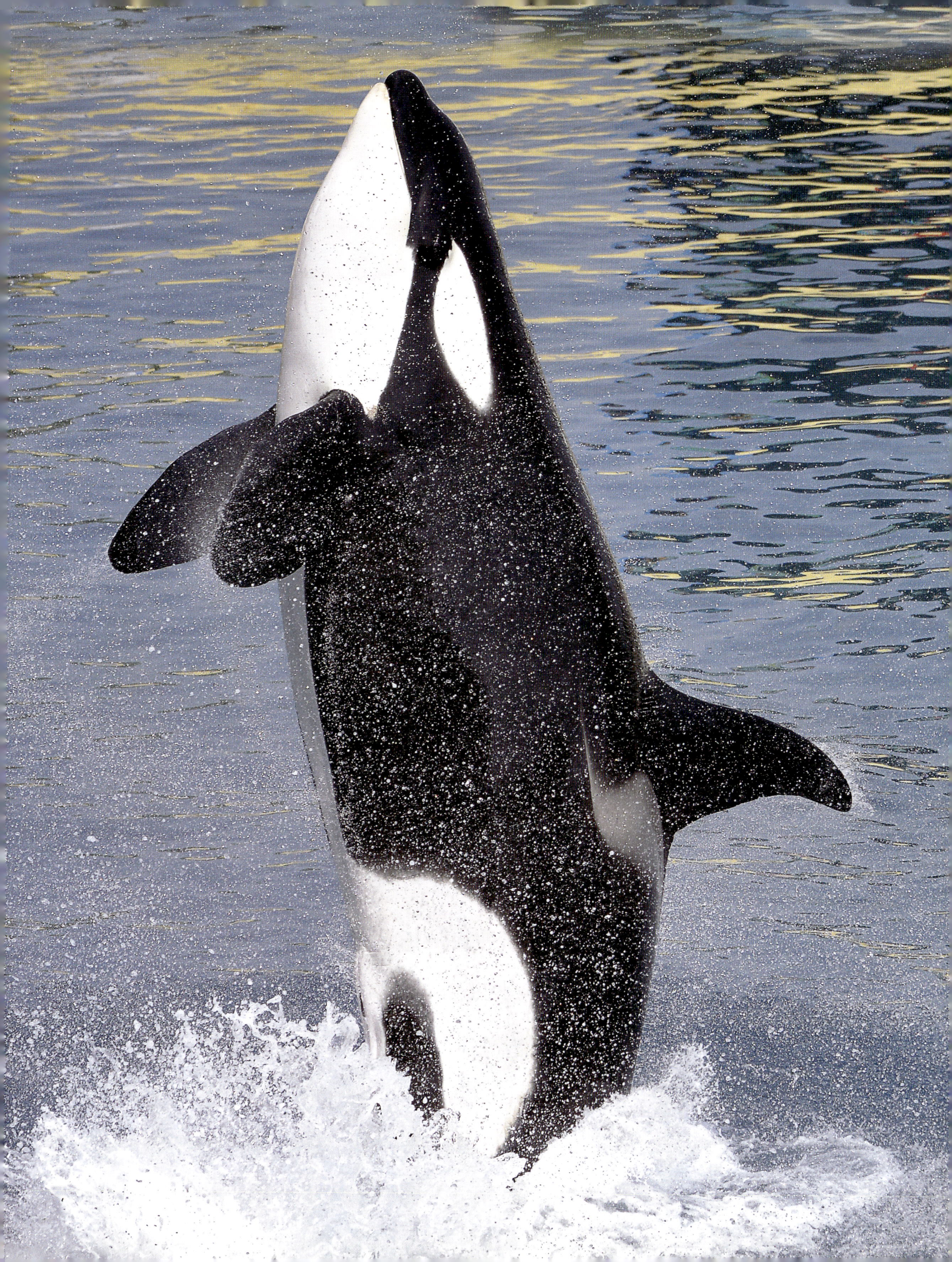

El pulpo

El pulpo es un molusco que tiene ocho brazos unidos a la cabeza. Es completamente blando, salvo su pico puntiagudo; no tiene huesos, ni espinas, ni caparazón. Sus brazos, provistos de ventosas, son muy eficaces para buscar a las presas. El pulpo se alimenta esencialmente de animales capturados en el fondo del agua. Pero los brazos no le sirven solamente para tocar. Sus ventosas poseen unos pequeños receptores que le permiten saborear a las presas antes de comérselas.

¡CLONC!
Su pico puntiagudo es tan duro que puede romper las conchas de los crustáceos.

¿LO SABÍAS?
El pulpo, para desplazarse, reagrupa los brazos bajo su cabeza, aspira agua y después la expulsa por un agujero llamado *sifón*. La fuerza del agua expulsada es suficiente para poder avanzar en sentido contrario.

¡AL REFUGIO!
El pulpo fabrica una tinta negra que lanza en pequeños chorros sobre sus enemigos. Esta nube de tinta, que puede durar diez minutos, le da tiempo para huir o esconderse.

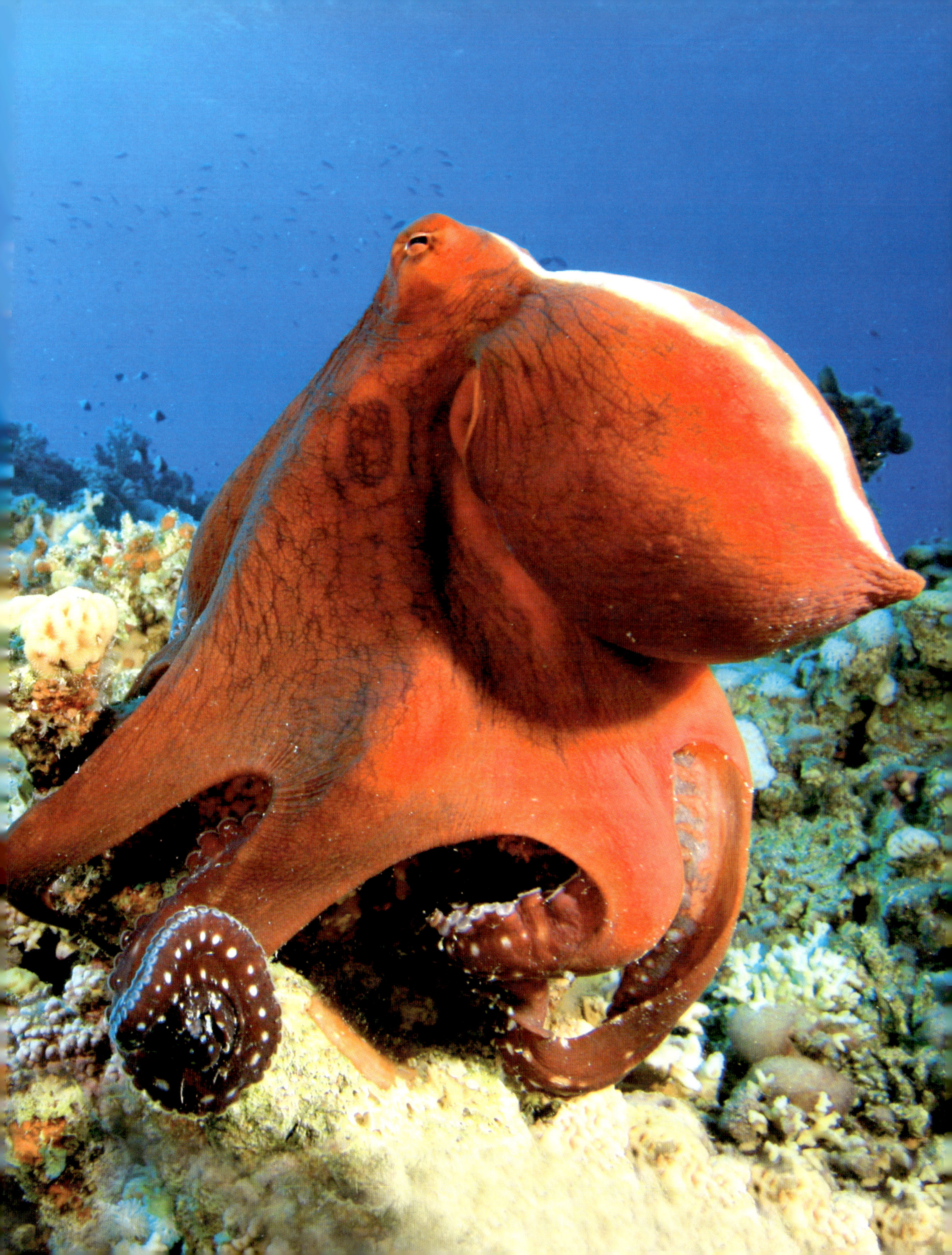

La tortuga de mar

Forma parte de la misma familia que las tortugas terrestres y las tortugas de agua dulce, pero su cuerpo está adaptado al mar. Su caparazón, más liso y más plano que el de las otras tortugas, le permite deslizarse por el agua. Sus patas tienen la forma de pequeños remos. La tortuga de mar es omnívora, pero come principalmente algas. Solamente sale del agua para desovar en la playa en la que nació. Los huevos eclosionan al cabo de unos seis meses, durante la noche.

¡LA MEJOR GUÍA!

Al salir del huevo, las pequeñas tortugas se guían por los reflejos de la luna sobre el agua para encontrar su camino hasta el mar, ¡pero atención a los cangrejos y a las aves!

¿LO SABÍAS?

La contaminación es un peligro para las tortugas de mar. Confunden las bolsas de plástico con medusas, se las comen y mueren ahogadas.

¡AY!

La tortuga bastarda, una clase de tortuga de mar, muerde cuando la atrapan. Su pico tiene unos dientes minúsculos, pero muy agudos, lo que provoca una mordedura muy dolorosa.

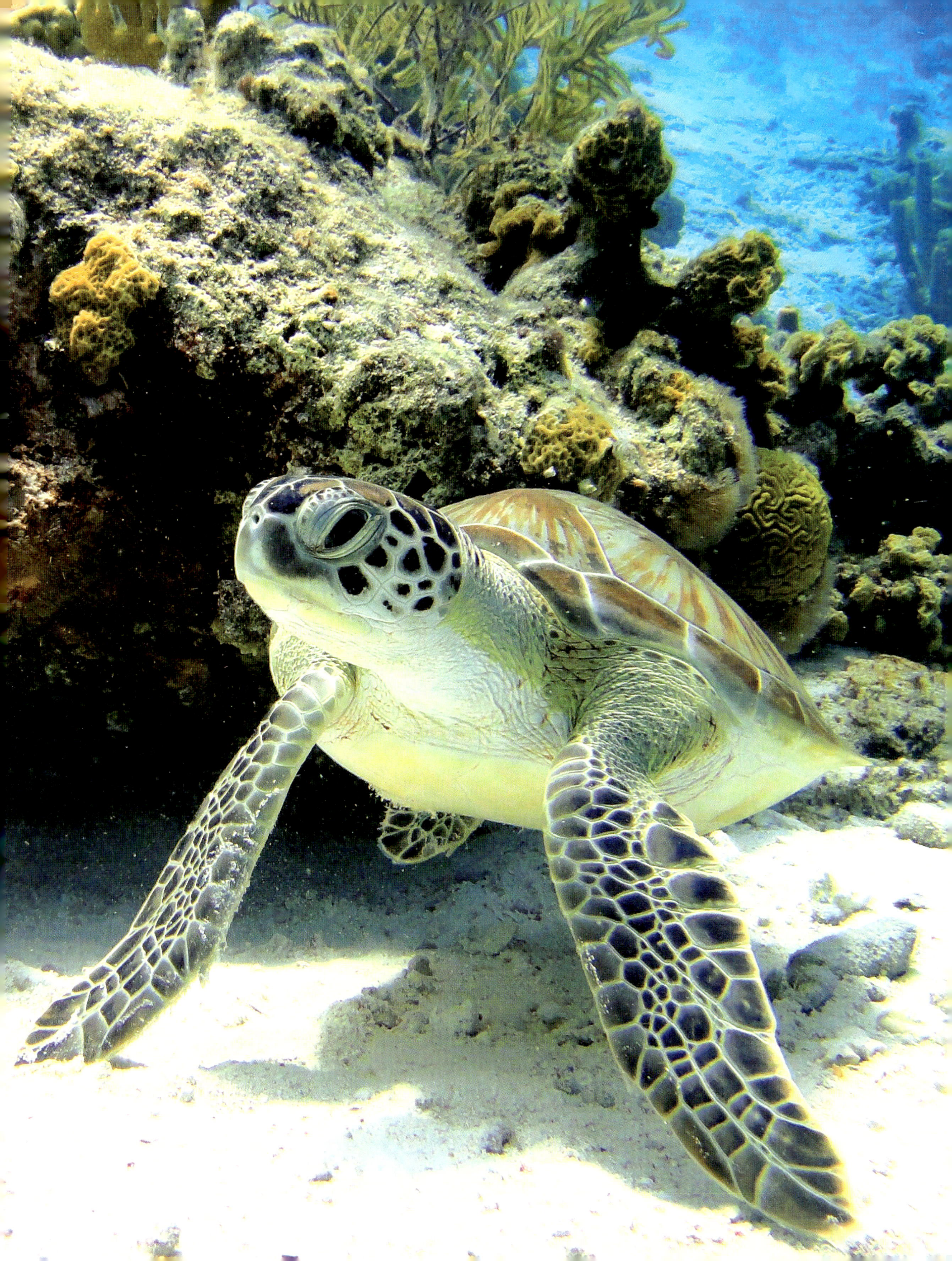

La manta

La manta tiene un cuerpo plano en forma de romboide y puede llegar a los siete metros de envergadura. Es de la misma familia que el tiburón, vive en el fondo de las aguas saladas y se esconde bajo la arena para huir de la orca, su depredador. Es carnívora y se alimenta de moluscos, de kril y de peces pequeños. Tras 13 meses de gestación, la hembra da a luz dos crías ¡que miden ya más de un metro!

¡PLAF!
La manta es una campeona del camuflaje; pero, en caso de ataque, se sirve de los látigos venenosos que tiene al final de la cola.

¡DÉJAME!
La rémora, un pez pequeño muy mal nadador, se adhiere a los peces más grandes para comerse sus parásitos. A veces se les cuela hasta dentro de las orejas. Cuando las rémoras se ponen demasiado pesadas, la manta sale del agua para quitárselas de encima.

¿LO SABÍAS?
La manta tiene el sobrenombre de *diablo del mar*, por sus cuernos. Estos le permiten hurgar en la arena para encontrar a sus presas y, después, llevarse el alimento a la boca.

24

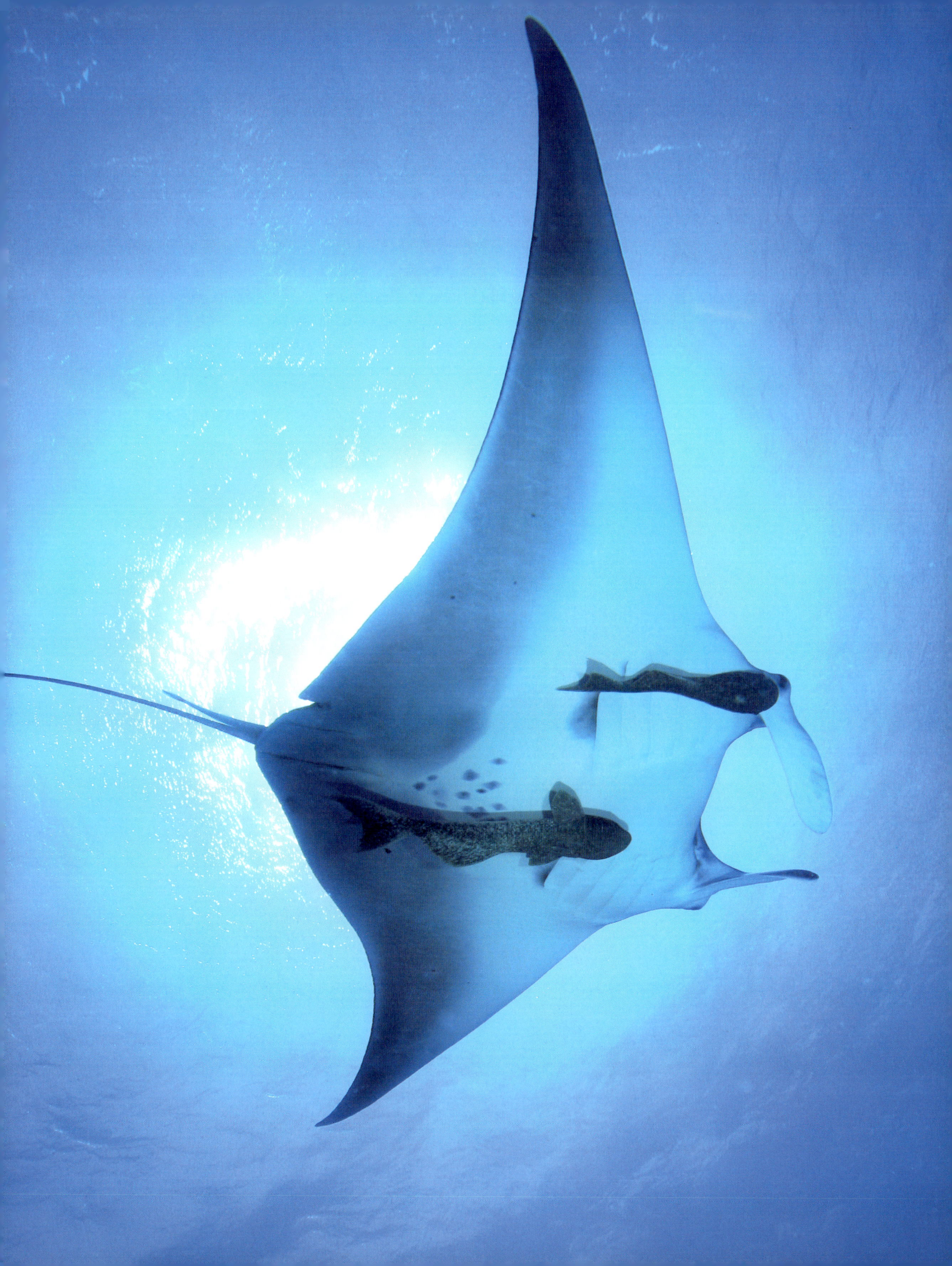

El caballito de mar

El caballito de mar, o hipocampo, vive en los mares cálidos y, a pesar de su aspecto, es un pez: tiene branquias, aletas y un esqueleto. Su cabeza y su cuello se parecen a los de un caballo y su cuerpo está encerrado en un caparazón, como si fuera un insecto. Su cola, semejante a la de los monos, es prensil, es decir, que puede agarrar. Sus ojos son orientables, como los de los camaleones, y tiene en el vientre una bolsa parecida a la de la hembra del canguro. Su minúscula boca acaba en un tubo.

¡ÑAM, ÑAM!
El caballito de mar no tiene dientes, pero su hocico en forma de pajita le permite aspirar los pequeños animales que se esconden entre el coral.

¿LO SABÍAS?
El caballito de mar está siempre en vertical. Como nadar le resulta difícil, repta para avanzar: enrosca la cola alrededor de un punto de amarre (alga, coral), se impulsa sobre el agua con el mentón y se detiene como un resorte. Sin un punto de apoyo, los caballitos de mar se apoyan entre ellos, formando auténticos ovillos.

¡A TRABAJAR, PAPÁ!
En el caso de los caballitos de mar, la hembra pone los huevos… ¡dentro de la bolsa ventral del macho! Después, los huevos eclosionan y las crías crecen dentro de la bolsa. En el momento del nacimiento, el macho expulsa a las crías, que tienen el mismo aspecto que los adultos pero solo miden cinco milímetros.

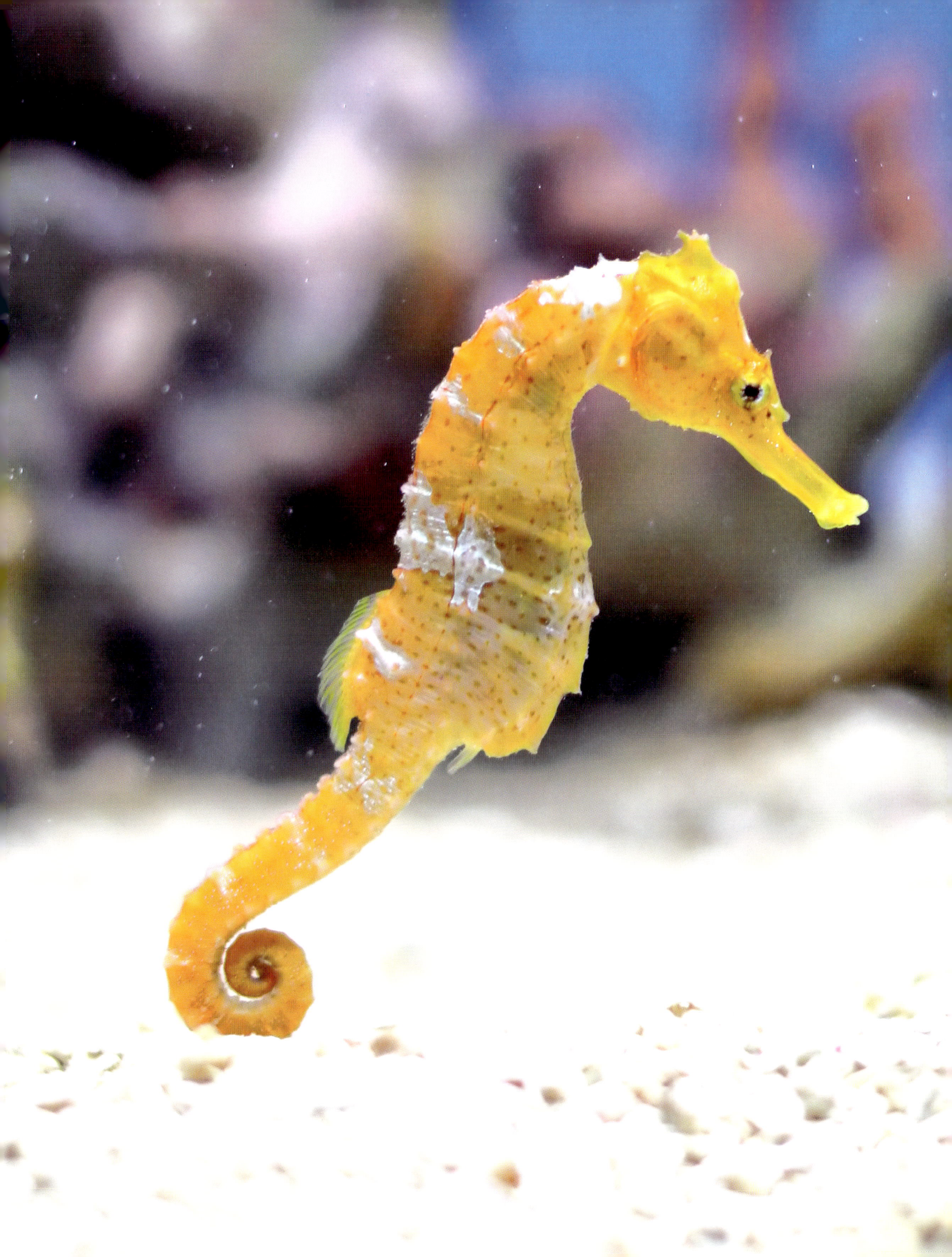

El erizo de mar

El erizo de mar es una pequeña bola llena de espinas que se alimenta de algas. No posee ni ojos ni cerebro. Para alimentarse, raspa y trocea las plantas del fondo marino con la boca, provista de mandíbulas especiales. Sus dientes se renuevan perpetuamente. Cuando restriega los dientes contra una roca, la capa externa se rompe y deja paso a un diente nuevo y muy afilado. El erizo vive en las costas mediterráneas y atlánticas.

¡AY!

Las espinas son su defensa contra los depredadores, los peces grandes. Hoy en día, el erizo de mar es una especie protegida porque acaba a menudo… ¡en el mostrador de la pescadería!

¿LO SABÍAS?

Entre las espinas, el erizo tiene los pedicelos, una especie de tentáculos finos y retráctiles que le permiten desplazarse. Todo su cuerpo está recubierto de ellos. Estos pedicelos se parecen a los ojos de los caracoles y son sensibles a la luz. Es decir, que el erizo emplea su cuerpo como si fuera un ojo gigante.

DOS ERIZOS EN UNO

Cuando la larva del erizo se ve expuesta a la baba de pez, se divide para crear una segunda larva, tres veces más pequeña. Separadas, cada larva se va por su lado, doblando así la posibilidad del erizo de llegar a la edad adulta.

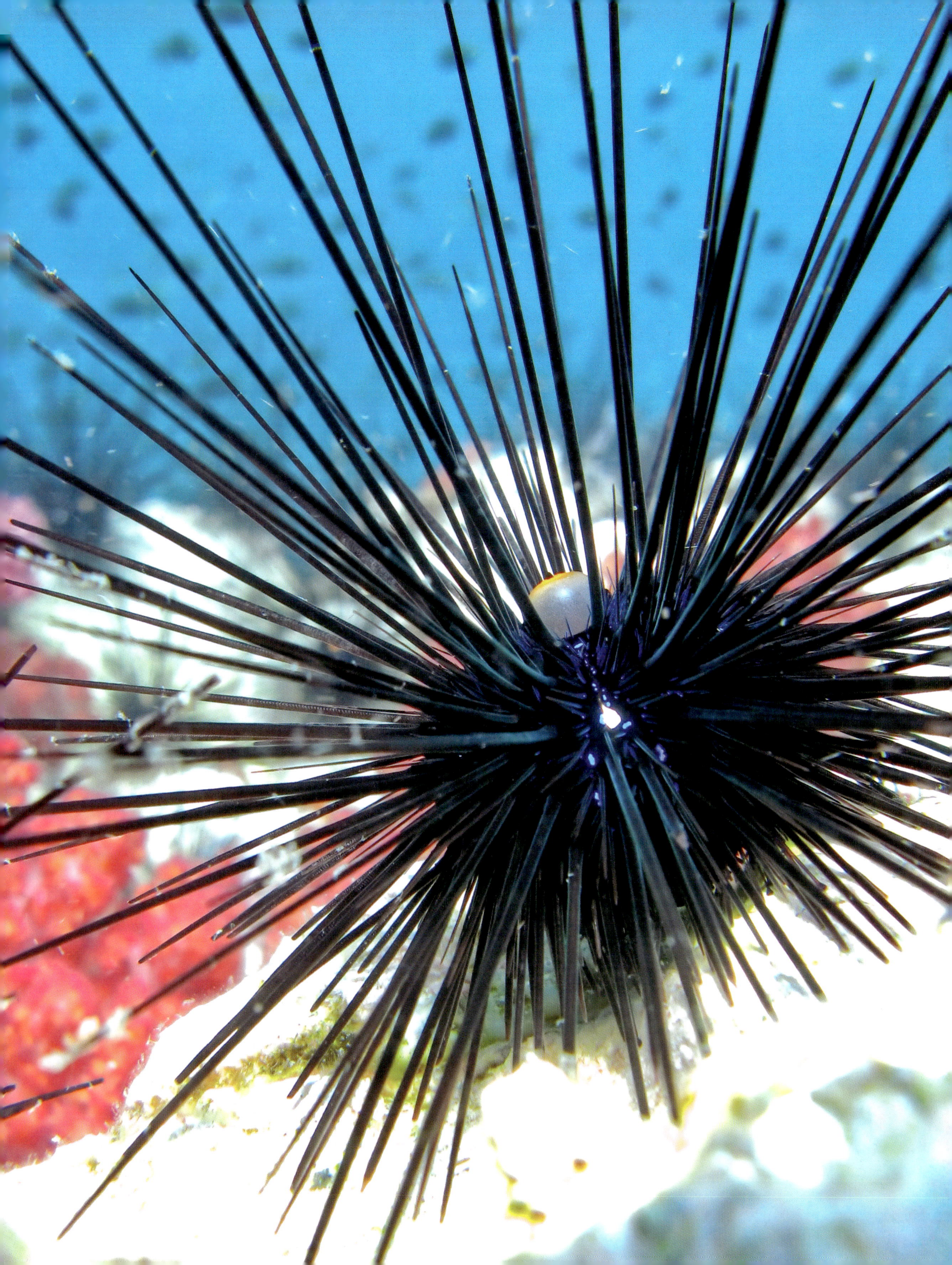

La medusa

Este animal tan curioso está formado por un sombrero en forma de paraguas, bajo el cual están unidos los tentáculos. Presente en todas las costas, la medusa se deja arrastrar por las corrientes, navegando en medio de su alimento (larvas, pequeños gusanos, etc.). Se desplaza lentamente, mediante la contracción de su paraguas, y da la impresión de que vuela. Es carnívora y paraliza a las presas con sus tentáculos urticantes antes de comérselas. ¡Las medusas más grandes llegan a los tres metros de diámetro, con tentáculos de cuatro metros!

¿LO SABÍAS?
La medusa tiene un aspecto gelatinoso porque está compuesta por un 90% de agua. Y, como es traslúcida, se puede ver el alimento en el interior de su cuerpo, mientras lo digiere.

¡AY!
La mayor parte de las medusas pican con sus tentáculos. Usan el veneno contra las personas para defenderse. ¡Atención, sus picaduras escuecen mucho!

¿BEBÉS?
La medusa pone huevos, que dan lugar a las larvas. La larva se adhiere a una roca para coger fuerzas. Después, cuando la temperatura es adecuada, libera nuevas pequeñas medusas.

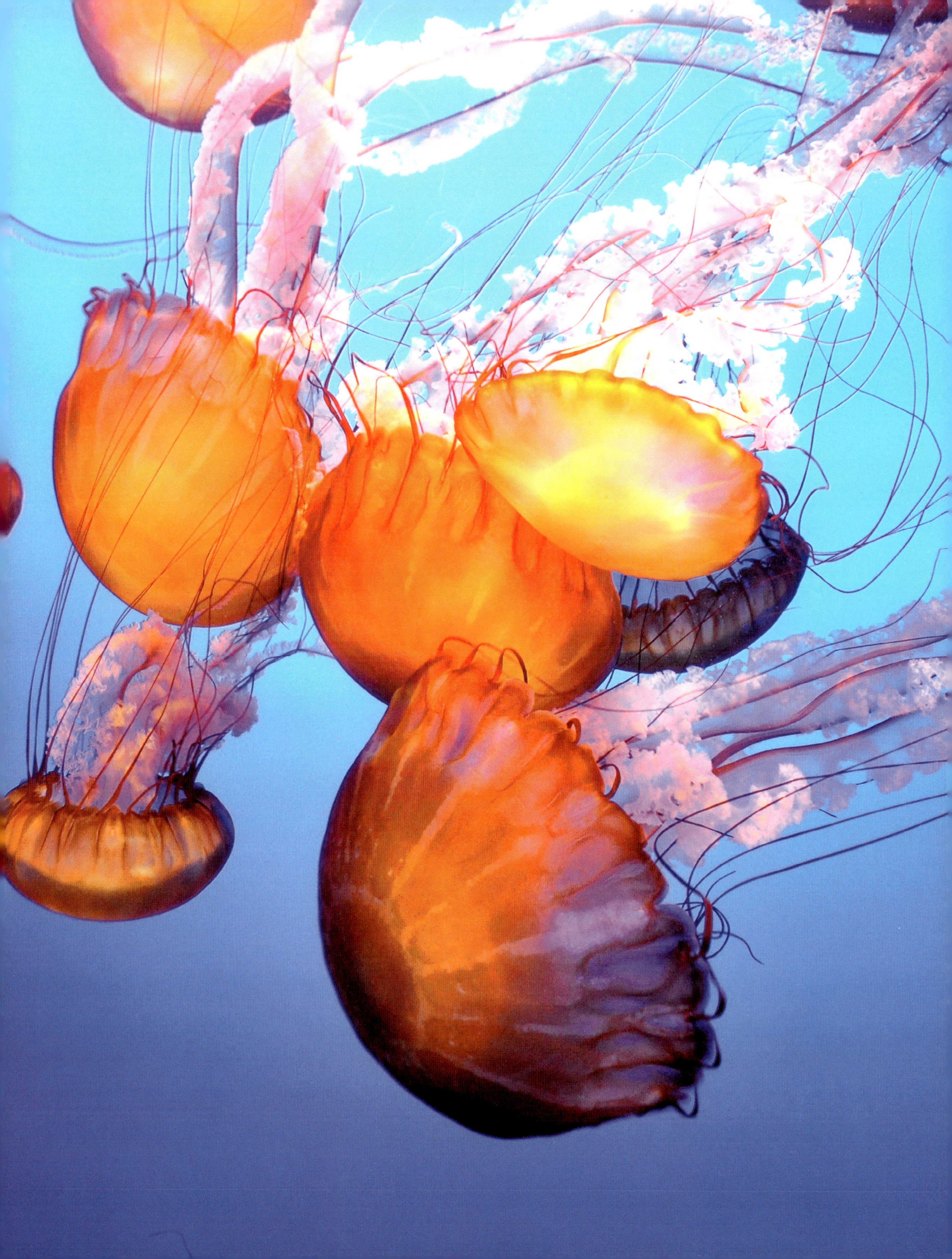

La morsa

La morsa es un mamífero marino que vive sobre los bloques de hielo a la deriva en las aguas frías, cerca del Polo Norte. Salta de su plataforma al agua dos veces al día para buscar alimento. Es carnívora, come crustáceos, cangrejos y peces pequeños. Es reconocible por los dos grandes colmillos y por el bigote: las vibrisas. Debajo de la piel impermeable tiene una espesa capa de grasa que la protege del frío. Es un animal sociable, que puede vivir hasta los 40 años.

¡ARRIBA!
Torpe en tierra, la morsa es una excelente nadadora. En el agua, se propulsa ondulando su cuerpo. Y, para volver a subir a su bloque de hielo, no necesita escalera: los colmillos clavados sobre el hielo la ayudan a salir del agua.

¿LO SABÍAS?
Los únicos depredadores de la morsa son la orca y el oso polar. Pero pobre del oso que ataque solo a un grupo de morsas. ¡Acabará malherido! Si quiere comer, más le vale atacar a una cría, o a una morsa debilitada.

¡MUUU!
Las morsas forman grandes grupos, pegadas unas a otras y frotándose entre sí. Se comunican mugiendo y gruñendo, por eso tienen el sobrenombre de *vacas marinas*.

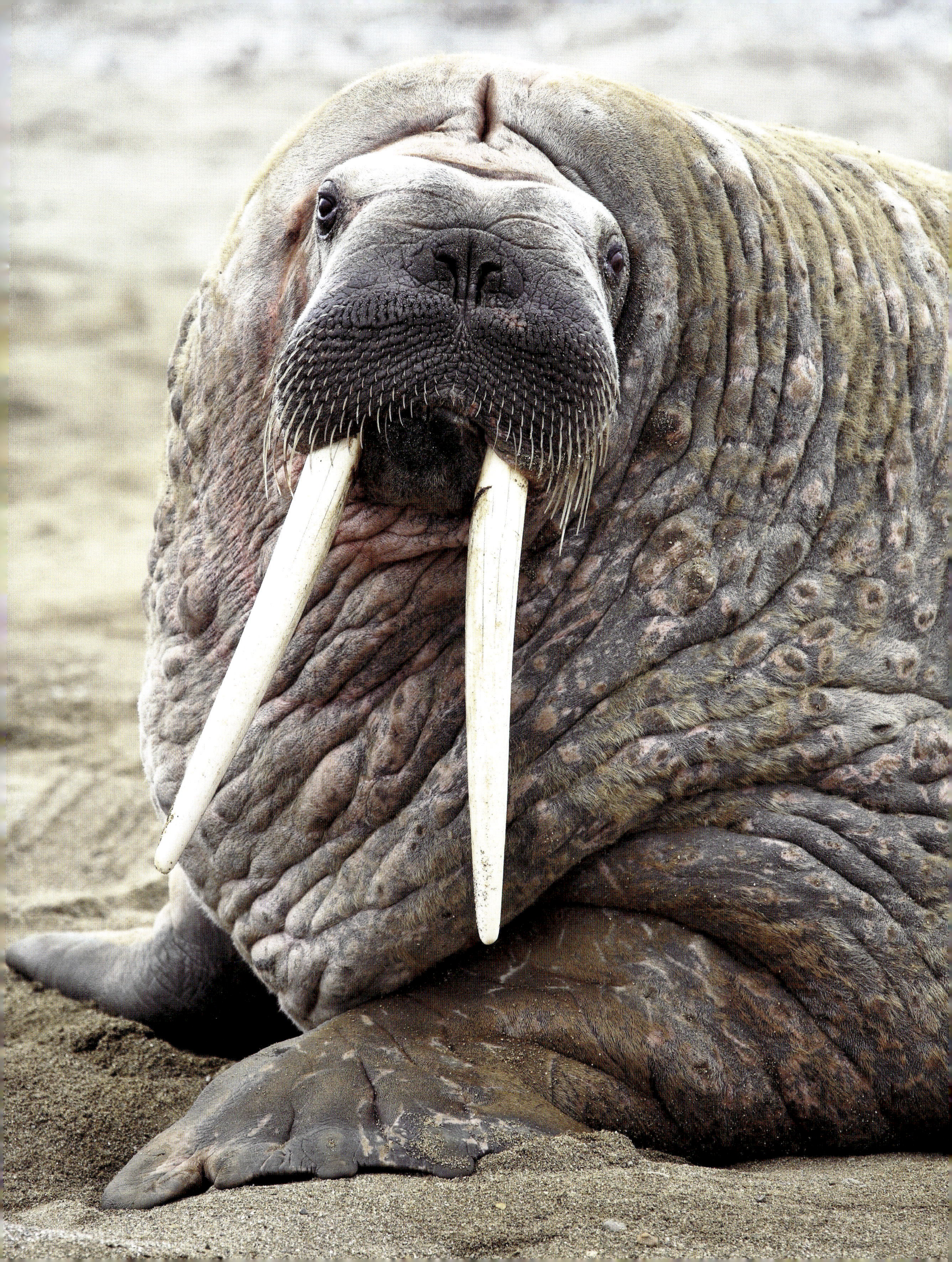

La nutria de mar

Esta excelente nadadora vive en las aguas frías del Pacífico Norte. Sus patas delanteras tienen forma de garra, las traseras son palmípedas y son las que le sirven de timón. Cuando la nutria se lanza al mar, se le cierran las orejas y la nariz. Es carnívora, come sobre todo moluscos y erizos de mar, y sabe usar una piedra como herramienta para abrir los moluscos. La mayor parte de nutrias de mar vive dentro de bosques de algas gigantes, a las cuales se agarran para protegerse de las corrientes fuertes.

¡GLU, GLU!

La nutria mantiene a su cría sobre el vientre para que pueda mamar, pero también para protegerla de los depredadores. El pelo de la nutria contiene tanto aire que la cría no puede ni caerse ni resbalar... Muy práctico, ¡porque aún no ha aprendido a nadar!

¿LO SABÍAS?

La nutria no tiene grasa aislante, como otros animales marinos. Ella produce un aceite con el que se unta el pelo para volverlo impermeable. El pelaje aceitoso retiene burbujas de aire que aíslan su piel del frío. Pero esta actividad le ocupa muchas horas al día...

¡BIGOTUDA!

La nutria de mar posee unos largos bigotes: las vibrisas. Son muy sensibles y captan el movimiento del agua, lo que permite a la nutria orientarse y cazar en aguas muy oscuras.

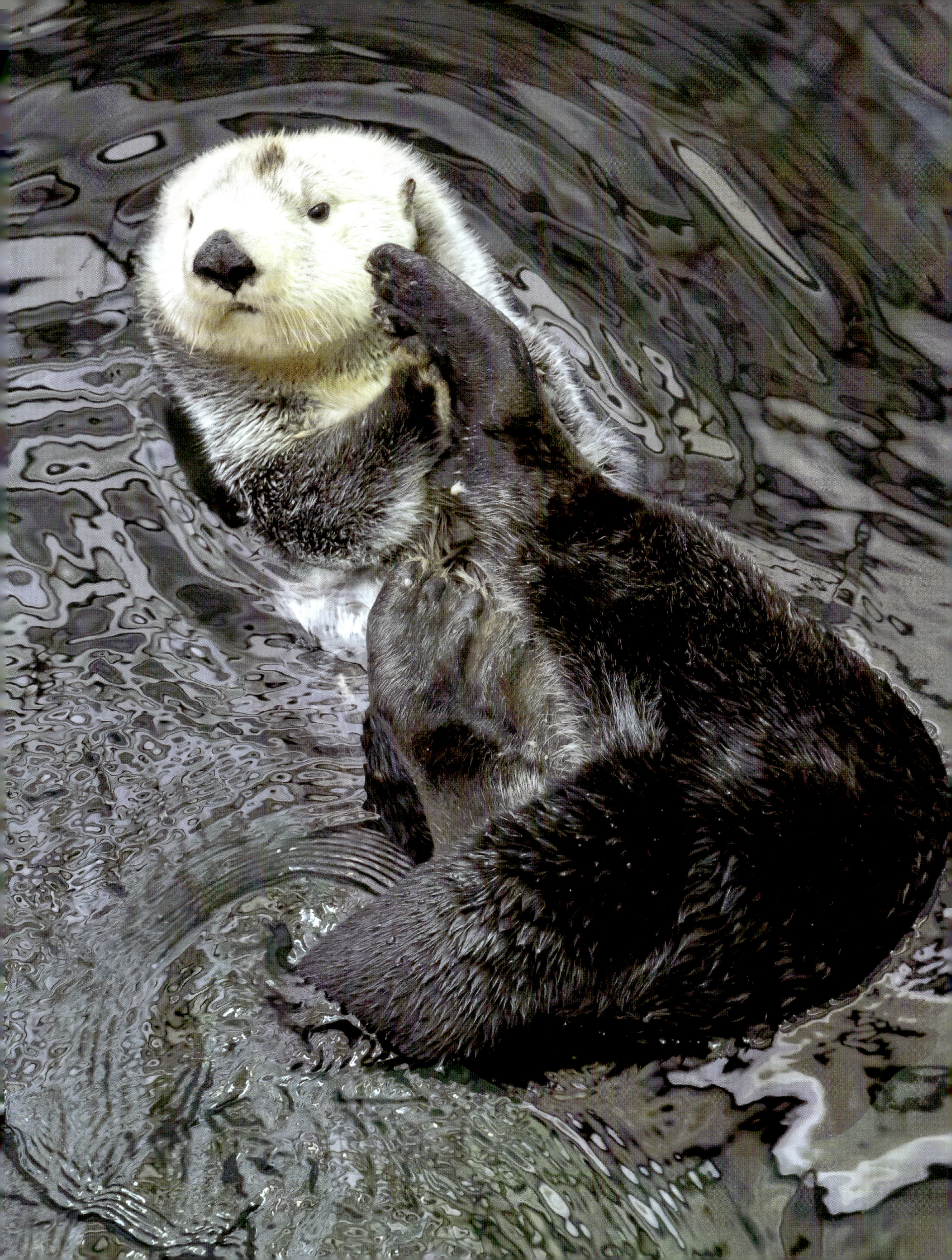

La foca

La foca puede vivir en aguas frías gracias a su espesa capa de grasa. Sus patas traseras están unidas, formando una especie de aleta natatoria. Muy ágil en el agua, es torpe en tierra, donde solo se aventura raramente. Como la nutria, puede cerrar la nariz y los oídos mientras nada. Es carnívora y come peces: a los pequeños se los come de un bocado, a los grandes los corta a trozos antes de engullirlos. Existen 18 especies de foca, presentes en tres océanos: Pacífico, Atlántico y Ártico.

¡ATENCIÓN, PELIGRO!

Las focas enferman muy afectadas por la contaminación, que se fija en su grasa. Otras mueren asfixiadas, atrapadas en las redes de los pescadores. Las focas de Groenlandia sufren también por el deshielo de la banquisa.

¿LO SABÍAS?

La cría de foca de Groenlandia es famosa porque, cuando nace, su pelaje es completamente blanco. Se va oscureciendo durante su crecimiento. De adulta, será gris con manchas negras.

¿FOCA O LEÓN MARINO?

No son de la misma familia. El león marino no se encuentra tan a gusto en el agua, y es más hábil en tierra, donde puede caminar usando las patas delanteras. Su cuerpo es más delgado y, al contrario que la foca, tiene unas orejas muy visibles y no unos simples agujeros.

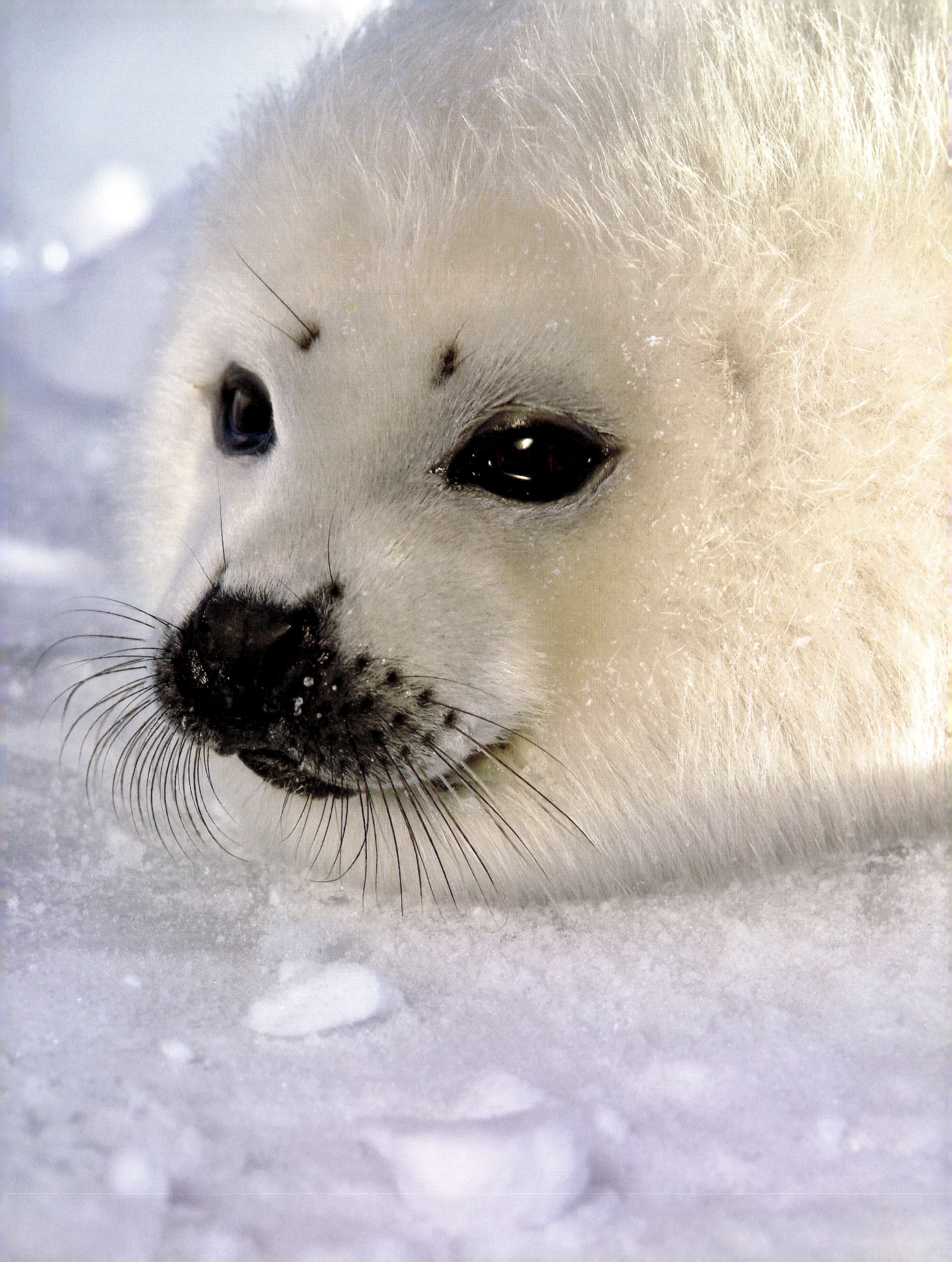

El bogavante

Este crustáceo solitario tiene diez patas y le gusta el agua fría. De día, se esconde en las grietas de las rocas, de donde sale por la noche para alimentarse de pequeños cangrejos y de moluscos del fondo marino. Cuando la hembra pone los huevos, los guarda varios meses bajo su abdomen antes de la eclosión. El joven bogavante cambia unas 20 veces de caparazón antes de ser adulto, a la edad de cuatro años: eso se llama *muda*. El bogavante adulto continúa mudando, pero con menos frecuencia. Puede vivir hasta los 40 años.

¡QUÉ BESTIA!
El bogavante más grande que se ha encontrado nunca se pescó en Canadá. ¡Pesaba 40 kilos y tenía una longitud entre 90 y 120 centímetros!

¿LO SABÍAS?
Hay dos clases de bogavantes: el bogavante bretón y el bogavante canadiense, algo más grande.

¡CLAC!
El primer par de patas del bogavante está formado por dos grandes pinzas. Una se llama *martillo* y le sirve para triturar, la otra *cizalla*, y le sirve para cortar. Una y otra pueden estar a derecha e izquierda, indistintamente.

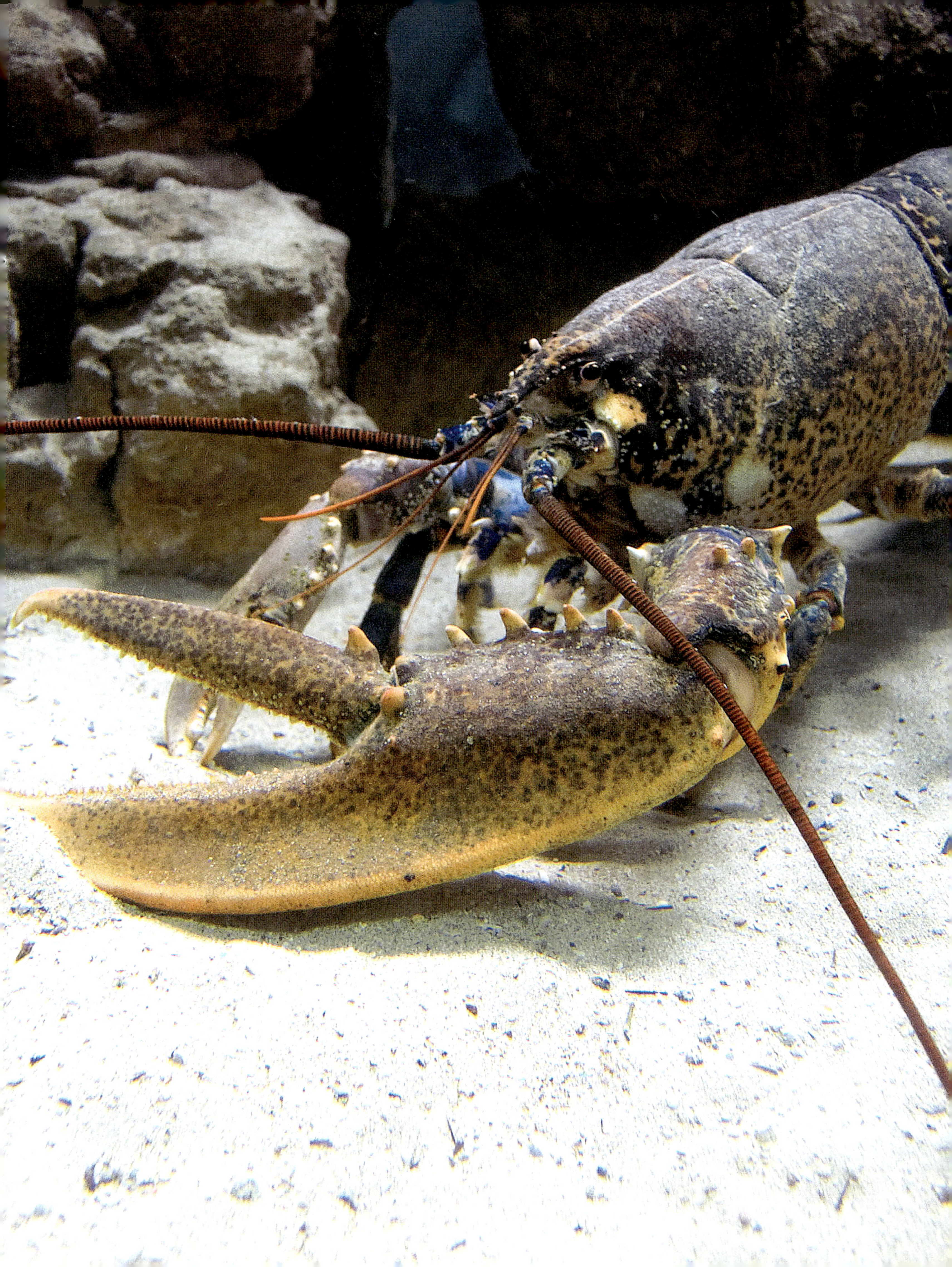

El cangrejo ermitaño

Contrariamente a otros crustáceos, el cangrejo ermitaño no tiene concha. Por eso busca sin parar un refugio para protegerse de los depredadores. Ocupa las conchas de otros animales, dentro de las cuales puede esconderse. Va cambiando de concha a medida que crece. Posee diez patas, el primer par de las cuales son dos grandes pinzas. La derecha es más grande y pesada que la izquierda, y le permite defenderse de los ataques de los depredadores desde dentro de la concha.

¿LO SABÍAS?

El cangrejo ermitaño se encuentra en todos los mares del mundo. Algunos están adaptados al agua dulce, otros viven en tierra, pero siempre cerca de un punto de agua. Los cangrejos ermitaños terrestres se pueden comprar en las tiendas y los puedes instalar en un terrario.

¡MÍO!

Las conchas vacías son raras: los cangrejos ermitaños luchan entre ellos para adueñarse de una casa grande.

BUEN ACUERDO

Las pequeñas anémonas de mar viven sobre las conchas de los cangrejos ermitaños, así aprovechan sus desplazamientos para alimentarse. En contrapartida, ellas protegen al cangrejo ermitaño con sus tentáculos venenosos. Cuando el crustáceo cambia de concha, recupera a sus anémonas para fijarlas sobre la nueva.

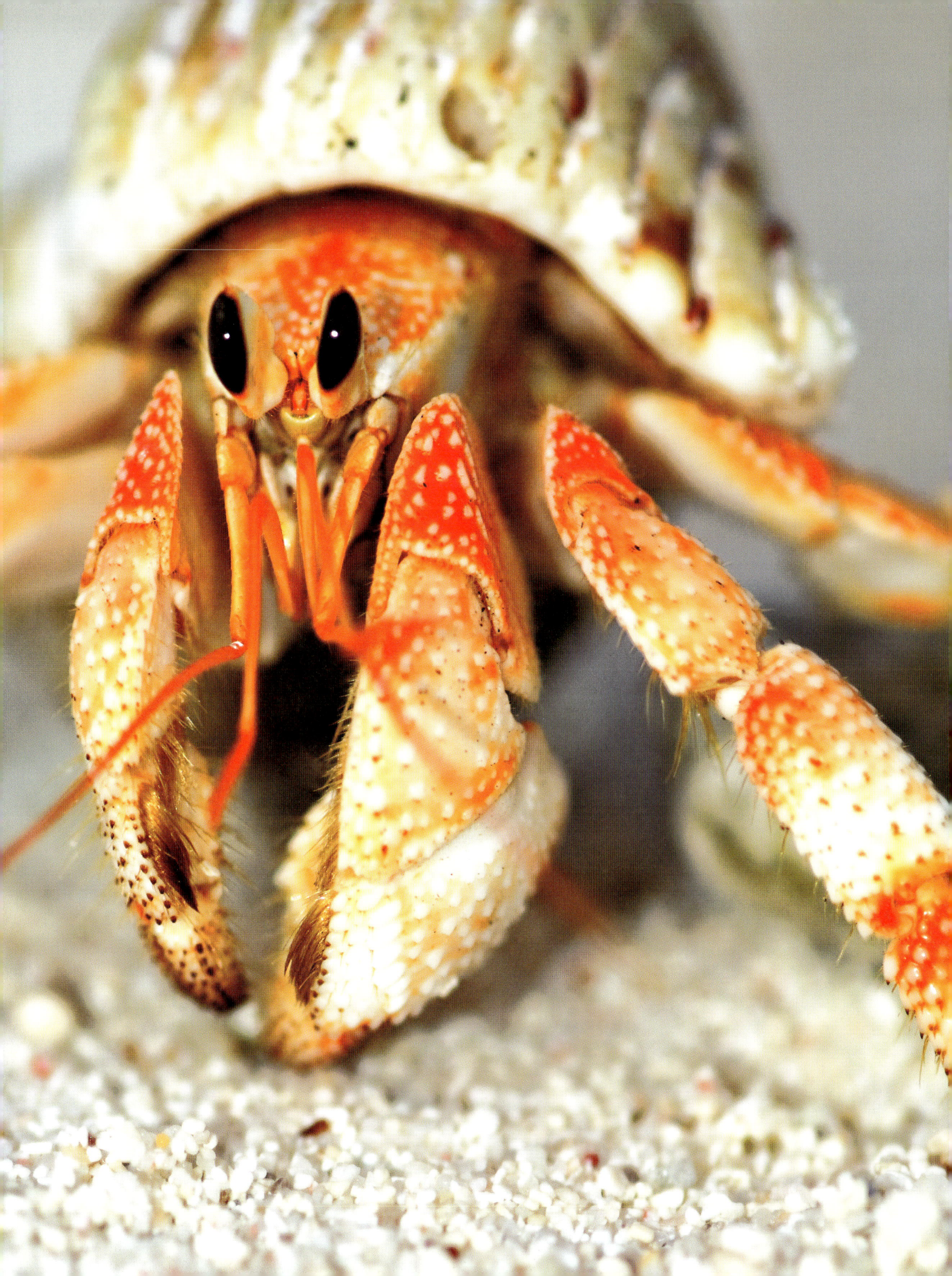

El pez mariposa

Existen más de 130 especies, que deben el nombre a sus vivos colores. El pez mariposa es carnívoro y mide entre 15 y 22 centímetros de largo. Vive en todos los mares cálidos del planeta, entre arrecifes y corales. Su cuerpo es redondeado y plano, algo muy práctico para colarse por cualquier sitio. Algunos peces mariposa tienen un hocico alargado que les permite atrapar a las pequeñas presas escondidas en las grietas de las rocas o entre las ramas del coral.

¿CUATRO OJOS?

Muchos de los peces mariposa tienen una franja o un círculo oscuro que esconde sus ojos. Tienen también unas manchas negras en la parte de atrás del cuerpo, que ejercen el papel de falsos ojos. Así engañan a los depredadores, que confunden la cabeza y la cola del pez mariposa.

¿LO SABÍAS?

El pez mariposa puede vivir hasta 15 años en la naturaleza o 10 años en un acuario.

PARA SIEMPRE

Los peces mariposa viven con la misma pareja a lo largo de toda su vida. El macho y la hembra de una misma pareja se parecen mucho.

Créditos

Fotolia.com – 2436digitalavenue: 26 b - cbpix: 6 h, 10 h - crisod: 6 b, 10 m - Brindley: 34 m - Carey: 24 m, 24 h - EcoView: 14 m - fieryphoenix: 42 h - gerhum: 20 b - gruecolant: 20 m - halbrindley4: 35 - kotlyaroww: 34 h - lilithlita: 42 m - Neill: 20 h - panimo: 14 b - PeterBublitz: 17 - petrock: 8 h - pierre_j: 8 b - pilipenkod: 38 m - prosotphoto: 32 h - RbbrDckyBK: 29 - Remco Rutten: 34 b - Riganelli: 18 md - s1000rr: 12 b - saycheese01: 12 h - Skleznev: 44 b - Stemmer: 11 - Sturm: 38 b - vilainecrevette: 16 h - vodolaz: 30 m - zhekos: 43. Fond: Divizia - Bandeau: Remesov - Étiquette: picsfive - Cadre: robynmac.

Shutterstock.com – guardas: Willyam Bradberry - portada: Anders Peter Photography - Elsa Hoffmann: 6b - Rich Carey: 7 Martin Prochazkacz: 6a - Kuwar Mohit Singh: 6b - Chase Dekker: 6c - wildestanimal: 7a - Aleksey Stemmer: 12a - Kondratuk Aleksei: 13a - frantisekhojdysz: 15a - Christopher Meder: 16a - 44kmos: 17a - Christian Musat: 19a - Kondratuk Aleksei: 20b - Vittorio Bruno: 20b - MOHAMED ABDULRAHEEM: 22b - Kjersti Joergensen: 22c - Michael Bogner: 24a - Yann hubert: 24c - megastocker: 26b - GOLFX: 26c - Inge Jansen: 32a - Vladimir Melnik: 33a - Arto Hakola: 34a - neelsky: 34b - worldswildlifewonders: 34a - FloridaStock: 37a - Bradberry: 8 m - Bruno: 22 d, 22 h - Carey: 16 b, 7, 26 d, 26 h, 27, 23 - Cholakov: 21 - claes: 38 h - Copyright: 31 - Creativemarc: 28 b - Daniels: 12 m, 28 md - davidpstephens: 40 m - Edmonds: 33 - Filimonov: 32 b - FloridaStock: 39 - Giampiccolo: 37 - jiraphoto: 14 h - Kayla A: 15 - Khunjompol: 24 b - Kuehn: 25 - Lande: 42 b - Larina: 9 - Matt9122: 6 m - Miles Away Photography: 18 h, 18 bg - mythja: 2, 47 - NatalieJean: 30 b - NatureDiver: 30 h - Natursports: 45 - neelsky: 36 b - Niedzwiedzki: 28 mg - Pedro Silva: 40 h - Planetphoto.ch: 22 b - Plendl: 36 h - rm: 13 - Taylor: 40 b - Vackova: 28 h - Vilainecrevette: 16 m - Vlad61: 44 h, 44 m - Weber: 19 - Whitcombe: 10 b - worldswildlifewonders: 36 m.

Wikimedia Commons - Ranko: 41.

Título original: *Je découvre les animaux de la mer en m'amusant*
© LOSANGE, 63400 Chamalières, France, 2016
Publicado por acuerdo con IMC Agencia Literaria
© Traducción: Teresa Broseta Fandos, 2018
© Algar Editorial
Apartado de correos, 225 - 46600 Alzira
www.algareditorial.com
Impresión: Liberdúplex

1.ª edición: marzo, 2018
ISBN: 978-84-9142-114-6
DL: V-601-2018